Gewidmet unseren
wunderbaren Kindern
für
tausend
Generationen.

Publiziert von Seraph Creative 2024 – seraphcreative.org

www.rebeccamorris.art

Danke an Lindi Masters
für deine ganze Liebe und
Unterstützung

Ein spezieller Dank an Pete und Fiona
Mack,

an meinen wunderbaren Ehemann und
Vater unserer Kinder,
David

Die Schönheit von Segnungen

Das Wort Gottes ist lebendig und voller Kraft.
Wenn du Gottes Wort deklarierst,
verspricht es, dass es sich selbst zustande bringt.

Die Segnungen, die wir aussprechen,
sind durchdrungen von unglaublicher Souveränität,
Leben zu erschaffen.

„Beschließt du eine Sache,
so wird sie zustande kommen." Hiob 22,28

ICH SEGNE DEIN BABY,
bedeutet für mich,

„es ist eine Orientierung des Geistes,
eine Ausrichtung des Herzens;
es übersteigt die Welt,
die unmittelbar erlebbar ist,
und es verankert sich irgendwo
jenseits des Horizontes." („Hope", Vaclav Havel, disturbing
the peace (New York: Knopf, 1990) p. 181)

Jeden Tag bewusst einen geheiligten Raum zu kultivieren, um
dein Baby zu segnen, ist wie wenn man einen wunderschönen
Garten im Geist anlegt und pflegt.
Du bestätigst den Bund zwischen deinem Baby und dir.
Dies stärkt die Bindung zwischen euch, das Wissen um die
Einheit der Beziehung und die Einheit selbst. Dieses Buch ist
wie ein Liebesbrief, durchdrungen von Wohlbefinden, Güte
und Liebe in dem dein Baby ruhen und für immer daraus
schöpfen kann.

Kinder sind unsere Schätze. Leben über ihnen auszusprechen, wenn sie noch im Mutterleib sind, befähigt sie zu leuchten und all das zu werden, wofür sie vorherbestimmt sind.

Rebeccas Buch ist ein Schlüssel dafür, Segnungen über unsere Babys im Mutterleib auszusprechen. Ihre Illustrationen sind vom Himmel angehaucht, mit Deklarationen, die vom Thron der Gnade ausgehen.

Ich kann dieses Buch wärmstens empfehlen und ermutige dich, das Aussprechen dieser Deklarationen über deinem Kleinen wie Liebes – Geschenke zu implementieren.

Psalm 127,3-5 The Passion Translation (deutsch – eigene Übersetzung):
Kinder sind Gottes Liebesgeschenk; sie sind die großzügige Belohnung des Himmels.
Kinder eines jungen Paares werden eines Tages aufstehen, um ihre Eltern zu beschützen und zu versorgen.
Glücklich wird das Paar sein, das viele Kinder hat!
Ein Haushalt voller Kinder wird deinen Namen nicht beschämen, sondern wird Sieg im Angesicht deiner Feinde bringen. Denn dein Nachwuchs wird Einfluss und Ehre haben, um sich an deiner statt durchzusetzen!

Lindi Masters
Ignite Hubs International

Ich lege meine Hände auf meinen Bauch,
dein geheimer neuer Aufenthaltsort:

verweile

ruhe

sei

wertgeschätzt

Danke, dass du in unser Familienzuhause gekommen bist.

Gott hat dich
über alle Maßen ge-
segnet,
darum deklariere und
verkünde ich...

Du bist ein Baum

des Lebens.

Ich segne dich

mit

bedingungsloser

Liebe.

Ich segne dich mit der Gewissheit,
dass du immer
zu unserer Familie
gehörst.

Wir ehren und
heißen dich willkommen
in unserer Familie.

Wir werden gemeinsam in Gnade,
Ruhe und Sicherheit verweilen.

Du wirst erblühen,

gedeihen

und tief

in den

Wegen der Liebe wachsen.

Ich segne den
guten Samen
in dir,
dass er erblüht, sich
multipliziert
und
wunderschöne Frucht
hervorbringt.

Ich segne dich
mit liebevollen
Freunden.

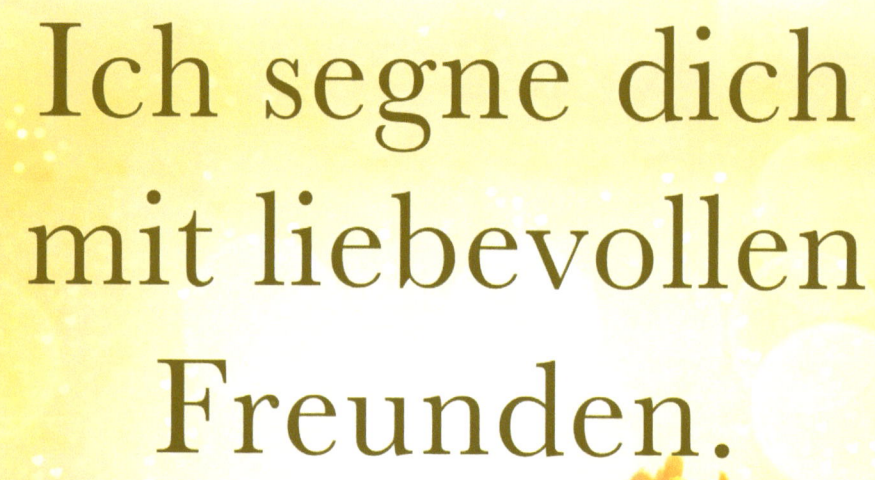

Du wirst verehrt von
Jahwe,
Jeschua,
dem Heiligen Geist
und allen im
Himmel.

Ich segne dich mit
mit
Überfluss.

Du bist ein Portal von

Gottes

überfließender,

reicher

Güte.

Ich segne dich, dass du
dich selbst
voll und ganz liebst
und akzeptierst.

Du bist

ein

Himmelsbewohner.

Ich segne
die himmlischen
Technologien in dir,
dass sie heute erwachen,
hervorbrechen und
aktiviert werden.

Du bist

göttliche

Gesundheit.

Während Gott dich
in meinem Leib formt,
segne ich alle Autosomen
in deiner DNA
mit Ganzheit,
Sieg und Liebe.

Du bist ein heiliger Tempel.
Ich fordere jede Zelle, jedes Organ,
alle Knochen, Gelenke und
Körpersysteme
in deinem Körper auf,
sich in die perfekte Form zu begeben.

Ich segne deine Augen, den
Himmel zu sehen!
Jeschua,
Engel,
Wesen,
die Wolke der Zeugen.

Du bist ewig.

Ich segne dich,
eine enge Beziehung
mit Gott aufzubauen;
von Angesicht zu
Angesicht mit IHM.

DU BIST
DAS LICHT
DER WELT.

Ich segne dich

zu leuchten,

zu glitzern

und dein Licht

freizusetzen.

Du bist Licht.
Könige und Nationen
werden
vom Licht deines
Leuchtens
angezogen werden.

Ich segne dein Herz,
dass es komplett
fasziniert ist
vom Himmel.
Ich rufe
in Erinnerung,
die aus alten Zeiten
stammenden Wege
Jahwes.

Du bist aus alten Zeiten stammend.

Du bist
ein König
und ein Priester.

Du bist

in Gottes Bild

geschaffen!

Ich segne deine Zunge, dass sie Geheimnisse des Lebens ausspricht.

Du bist heilig,
so wie Er heilig ist.

Ich segne dein Herz,

dass es

für das lebendige Wort Gottes

entflammt wird.

Du bist fähig,

das Wort Gottes

als eine Tür hinein

in Offenbarungen zu

nehmen.

Ich segne dich
mit Glauben.

Du bist
ein Schöpfer
von Welten und
Galaxien.

Du bist gefüllt
mit Gottes Liebe und
Kraft,

um den Kosmos

zu segnen.

Du bist

ein Verwalter

des Himmels.

Ich segne dich,
WEISHEIT
zu kennen.

Du bist

weise.

Ich segne dich mit der
Gewissheit,
dass deine Zukunft
sicher ist.

Du wirst bewacht
von Gottes Engeln
und sie dienen dir.

Ich segne deine Füße, dass sie auf saftigen grünen Weiden verweilen

und wild und frei auf den Feldern der Gnade laufen.

Wir

glauben

an dich.

Gesegnet

mit

Gerechtigkeit.

Ich segne dich
mit der permanenten
Gewissheit,
dass der Friedefürst
in dir
wohnt.

Ich segne dich,
den verborgenen Schatz in dir
zu entdecken
und anderen zu helfen,
ihren eigenen zu erkunden.

Du bist Freude.

Ich segne deine
Träume.

Mögen die
Geheimnisse
des Königreiches
um dich herum
sichtbar werden
und dich
mit hineinziehen.

Du wirst geleitet
vom Heiligen Geist.

Du bist gemacht
für
Zeichen und
Wunder.

Du bist ein Anbeter.

Ich segne deine Schriftrolle.
Ein wunderschöner Entwurf
von all dem,
was du
für deine Zeit auf der Erde mit
Gott geplant und vereinbart
hast.

Du bist
ein geliebtes Kind
auf einer großartigen Reise
in die Reife hinein.

Die Schöpfung wartet
sehnsüchtig
auf
die Offenbarung
der reifen Söhne
Gottes.

Kinder sind ein Erbe

vom Herrn,

Nachwuchs

eine Belohnung von Ihm.

Wie Pfeile in den
Händen eines Kämpfers,
so sind Kinder,
die einem in jungen
Jahren geboren werden.

Gesegnet
ist der Mann,

dessen Köcher

gefüllt ist

mit ihnen.

Der Herr segne dich
und erhalte dich;
der Herr lasse sein Angesicht
leuchten über dir
und sei dir gnädig;
der Herr hebe sein
Angesicht über dich
und gebe dir Frieden.

Rabbinischer Segen

Mögest du zu deiner Lebenszeit deine Welt sehen,
möge deine Zukunft für das Leben der kommenden Welt
und deine Hoffnung für Generationen von Generationen sein.

Möge dein Herz mit Verständnis meditieren
und dein Mund Weisheit sprechen,
möge deine Zunge bewegt sein, Lieder zu singen.

Mögen deine Augenlider gerade nach vorne schauen;
mögen deine Augen leuchten im Licht
der Tora,
dein Gesicht strahlend sein, wie der Glanz
des Firmamentes.

Mögen deine Lippen Weisheit verkünden
und deine Nieren sich an Gerechtigkeit freuen,
**mögen deine Schritte dahineilen, um
die Worte der alten Tage zu hören.**

www.ingramcontent.com/pod-product-compliance
Lightning Source LLC
Chambersburg PA
CBHW041430120626
46547CB00002B/154